📖 주제

· 시간 · 성찰 · 반성

📖 활용 학년 및 교과 연계

초등과정	1-2 수학	5. 시계 보기와 규칙 찾기
	3-1 국어	4. 내 마음을 편지에 담아
		10. 문학의 향기
	3학년 도덕	4. 아껴 쓰는 우리

중기와 시간몬스터의 여행

초등 첫 인문철학왕
중기와 시간몬스터의 여행

초판 1쇄 발행 2023년 3월 30일

글쓴이 김진욱 | **그린이** 도원 | **해설** 손아영
기획편집 이정희 | **편집** 박주원
디자인 문지현 | **생각 실험 디자인** 김윤현

펴낸이 이경민 | **펴낸곳** ㈜동아엠앤비
출판등록 2014년 3월 28일(제25100-2014-000025호)
주소 (03972) 서울특별시 마포구 월드컵북로22길 21, 2층
전화 (편집) 02-392-6901 (마케팅) 02-392-6900 | **팩스** 02-392-6902
홈페이지 www.moongchibooks.com | **전자우편** damnb0401@naver.com | SNS 🇫 📷 blog

ISBN 979-11-6363-619-9(74100)

※ 잘못된 책은 구입한 곳에서 바꿔 드립니다.
※ 이 책에 실린 사진은 셔터스톡, 위키피디아, 게티이미지뱅크(코리아)에서 제공받았습니다. 그 밖의 제공처는 별도 표기했습니다.

 도서출판 뭉치는 ㈜동아엠앤비의 어린이 출판 브랜드로, 아이들의 지식을 단단하게 만들어 주고,
아이들의 창의력과 사고력을 키워 주어 우리 자녀들이 융합형 사고뭉치와 창의뭉치로
성장할 수 있도록 좋은 책을 만들겠습니다.

'질문'의 힘! '생각'의 힘!
'미래 인재'로 가는 힘!

어린이와 학부모님께 《초등 첫 인문철학왕》을 추천할 수 있어서 매우 기쁩니다. 어린이들이 이 시리즈를 통해 '나'에 대해, 나와 공동체 사이의 소통에 대해, 세상의 이치와 진리에 대해 마음껏 질문하고 생각하기를 바라기 때문입니다. 그렇게 되면 창의적으로 문제를 해결하는 힘 또한 커질 수 있다고 믿기 때문이지요.

'제4차 산업혁명의 시대'라는 말처럼 우리는 모든 것이 혁신적으로 변화하는 시대에 살고 있습니다. 스마트폰, 인공 지능, 첨단 로봇 등 새로운 기술과 지식이 나오는 속도도 이전과 비교할 수 없을 정도로 빨라졌지요. 세상에 넘쳐나는 지식과 정보는 이제 누구나 쉽게 구할 수 있고, 개인의 두뇌에 담아낼 수 있는 용량을 넘어선 지 오래입니다. 결국 이 시대의 아이들에게 필요한 것은 지식보다는 그 지식을 다루는 지혜와 창의성 아닐까요?

7차 교육과정 개정 이후 학교 교육도 이러한 시대 흐름에 맞추어 미래 사회가 요구하는 인문학적 상상력과 과학기술 창조력을 두루 갖춘 창의융합형 인재를 양성하는 것을 목표로 합니다.

'철학'은 '지혜를 사랑하는'이란 뜻을 가진 말입니다. 이 학문은 여러분처럼 모든 것에 호기심 많았던 철학자들로부터 시작됩니다. 아주 오래전부터 인간, 사회, 자연, 우주, 진리 등 다양한 분야에서 다른 사람들보다 더 깊이, 더 많이, 그리고 아주 끈질기게 했던 수많은 질문과 탐구를 하며 만들어졌습니다.

마치 높은 곳에 올라가면 마을 전체를 내려다볼 수 있는 넓은 시야를 얻게 되듯이, 철학을 한다는 것은 하나의 문제를 더 큰 눈으로 볼 수 있게 되는 것이랍니다. 그러면 어떤 점이 좋을까요? 더 넓게 보는 눈, 더 깊이 있게 보는 눈, 다른 사람들이 생각하지 못한 부분들을 상상하고 찾아낼 수 있는 눈이 생깁니다. 또 우리 앞의 문제들을 자신만의 창의적인 방법으로 해결할 수도 있고, 그 문제를 해결하다가 다른 더 큰 문제를 발견하여 미리 처리할 수도 있습니다.

《초등 첫 인문철학왕》은 바로 그러한 생각의 눈을 아주 활짝 열어 줄 것입니다. 주제와 관련된 재미있는 동화, 이와 연결된 깊이 있는 인문 해설과 철학 특강, 창의·탐구 활동 등으로 구성된 시리즈는 아이들이 세상에 넘쳐 나는 지식을 지혜롭게 다루는 힘을 길러서, 문제해결력을 갖춘 창의적 인재로 성장할 수 있게 해 줄 것입니다.

그러니 이 책을 읽으며 여러 분야에서 떠오르는 호기심과 질문들을 혼자만 가지고 있지 말고 친구, 가족과도 나누어 보시길 바랍니다. 모두가 질문하고 생각하는 힘이 생긴다면, 어려운 문제들을 함께 해결해 나가는 공동체를 만들 수 있겠지요?

이 책을 읽는 여러분들 모두, 그런 멋진 공동체를 하나둘 만들어 나가는 지혜로운 미래 인재가 되기를 기대합니다.

이지애 드림
(이화여대 철학과 부교수, 한국 철학교육 학회 회장)

초등 첫 인문철학왕
이렇게 활용하세요!

생각 실험

생각 실험은 어떤 사실을 알기 위해 여러 가지 실험과 사례를 연구하는 것이에요. 철학이나 자연 과학 분야 등에서 널리 사용되는 방법이에요. 권마다 주제에 관련된 실험, 유명한 인물의 사례 등을 읽으며 상상력과 문제 해결력을 키워 보세요.

만화 & 동화

인문 철학 주제별로 아이들의 생활 세계 속 이야기, 패러디 동화 등이 다양하게 펼쳐져요. 처음과 중간은 만화, 본문은 그림 동화로 되어 있어서, 재미난 이야기에 푹 빠질 수 있어요.

인문철학왕되기

오랫동안 어린이들과 함께 철학 수업을 연구하고 진행해 온 한국 철학교육연구원 소속 교수와 연구진들이 집필했어요.

소쌤의 철학 특강, 인문 특강, 창의 특강으로 구성되었어요. 주제와 이야기 안에 숨겨진 철학적 문제들에 대해 함께 답을 찾아갈 수 있도록 깊이 있는 토론과 특강, 그리고 재미있는 활동으로 구성되었어요.

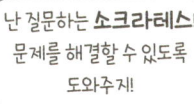

난 질문하는 **소크라테스**! 문제를 해결할 수 있도록 도와주지!

난 **뭉치**. 같이 생각하고 토론하지!

난 늘 창의적인 **새롬**이!

난 생각이 깊은 **지혜**!

교과 연계

각 권마다 최신 개정 교과서 단원과 연계되어 교과 학습에 도움이 되도록 구성되었어요. 권별로 확인하세요.

이 책의 차례

추천사 ·· 4

구성과 활용 ·· 6

생각 실험 시간 여행을 할 수 있을까? ·············· 10

만화 시간이 도대체 뭐야? ································· 20

시간몬스터의 등장 ·· 22
- **인문철학왕되기1** 시간이란 무엇일까?
- **소쌤의 인문 특강** 시간을 알려 주는 달력

이상한 나라의 시간 ··· 38
- **인문철학왕되기2** 시간은 정말 똑같이 흘러가는 걸까?
- **소쌤의 창의 특강** 철학자가 말하는 시간

| 만화 | **모모와 시간 도둑** ········· **54**

시간을 되돌릴 수 있을까? ········· 60

| 인문철학왕되기3 | 시간을 되돌릴 수 있을까?
| 소쌤의 인문 특강 | 시계는 어떻게 만들어졌을까?

사라진 시간몬스터 ········· 92

| 인문철학왕되기4 | 만일 나라면?
| 창의활동 | 나만의 해시계 만들기

생각 실험

시간 여행을 할 수 있을까?

한때 **미래에서 온 '시간 여행자'**로 불린 사람이 있습니다. 캐나다에 있는 박물관에 전시된 이 한 장의 사진 때문인데요. 1940년대에 찍힌 사진 속 남자의 옷차림과 머리 스타일이 지금 사람들과 비슷하고, 들고 있는 카메라까지 현대식으로 보였거든요.

그러나 **이 남자가 시간 여행자가 아니라는 증거를 여러 사람이 내놓으면서 많은 사람이 입씨름**을 벌였어요.

이 남자는 **정말 시간 여행자였을까요?** 마지막 진실은 '아무도 모른다.'가 정답!

카메라 회사 코닥이 1941년부터 선보인 영화 촬영 카메라. 남자의 카메라와 비슷하다.

1924년부터 활동한 캐나다 아이스하키 팀의 단체 복장 사진. 남자의 티셔츠와 비슷하다.

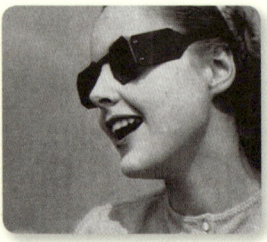
1930년대에 쓰던 선글라스. 남자의 선글라스와 비슷하다.

주변 남자들과 다른, 오늘날 머리 스타일과 선글라스

슈퍼맨이 입을 만한 티셔츠

현대식 자동카메라와 비슷해 보이는 카메라

시간 여행을 할 수 있는 기계, 즉 '타임머신'이라는 말이 처음 등장한 건 영국의 작가 웰스가 1895년에 발표한 『타임머신』이라는 소설에서였어요.

주인공은 타임머신을 타고 80만 년 앞선 미래로 여행을 떠나요. 이상한 종족을 만나고, 숱한 모험을 겪고, 더 먼 미래 세계로 여행을 떠나며 소설이 끝나죠.

이 소설이 나온 뒤로 주인공들이 시간 여행을 떠나는 소설과 영화들이 많아졌어요.

◀ **백 투 더 퓨처** 타임머신을 이용해 현재를 바꾼다는 내용의 영화

나도 이거 봤는데, 엄청 재밌지!

대부분 사람들은 현실에서는 시간 여행이 불가능하다고 생각했어요. 그런데!

위대한 과학자 **아인슈타인의 '상대성이론'에 따르면 미래로 시간 여행이 가능**하답니다.

물리학자 킵 스티븐 손은 **과거로도 시간 여행**을 갈 수 있다고 했고요. 무엇이든 빨아들이는 블랙홀과 무엇이든 내뱉는 화이트홀을 이어 주는 구멍, 즉 **웜홀(벌레 구멍)을 통과**해서 가는 거랍니다. 물론 아직 웜홀을 발견하지는 못했지만요.

웜홀은 사과를 파먹은 벌레가 만든 지름길과 같은 거야. 웜홀을 통과하면 시간 여행을 할 수 있어.

웜홀 상상도

"블랙홀처럼
중력이 강한 곳에서는
시간이 느리게 흘러.
시간의 흐름은 상대적이지!"

만약 시간 여행을 할 수 있다면 좋기만 할까요?

　예를 들어 여러분이 타임머신을 타고 수십 년 전의 세계로 돌아갔는데 실수로 여러분의 할머니를 돌아가시게 했다고 상상해 보세요!
　그럼 여러분의 부모님이 태어날 수 없게 될 것이고, 여러분도 태어날 수 없겠지요? 즉 과거로 여행하고 있는 내가 이 세상에 있을 수 없게 됩니다.
어이가 없죠?

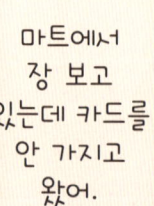

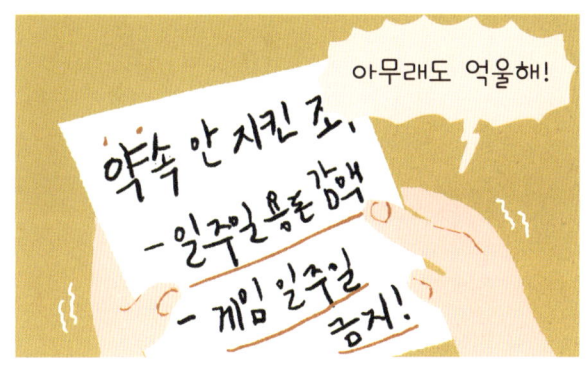

시간몬스터의 등장

중기는 자신의 방에 감춰 두었던 시계를 하나씩 꺼내 왔어요. 아빠가 회사 체육 대회 기념으로 받아 온 커다란 벽시계도 낑낑대며 들고 왔죠.

엄마는 눈이 휘둥그레졌어요.

"세상에, 그걸 벽에서 어떻게 떼어 낸 거야?"

아빠도 깜짝 놀랐어요.

"그러게. 엄청 무거웠을 텐데?"

중기는 의기양양 대답했어요.

"친구, 뭉치가 도와줬어요. 나도 뭉치네 집 시계 감추는 거 도와줬고요."

중기 말에 엄마가 한심한 표정으로 말했어요.

"꼭 그렇게까지 해야 했니?"

"난 나를 구속하는 시간이란 녀석을 없애고 싶다고요!"

중기가 단호한 표정으로 말했어요.

"시계를 없앤다고 시간을 없앨 수 있어?"

"당연하죠! 이게 다 시계 때문이거든요!"

중기는 전혀 고민하지 않고 대답했어요.

"왜 그렇게 생각해?"

"저 어릴 적엔 시계 보는 법을 몰랐잖아요?"

"그랬지!"

"그런데 그땐 시간을 몰라도 사는 데 전혀 문제가 없었거든요."

중기의 말에 엄마는 코웃음을 쳤어요.

"이 녀석아! 그땐 엄마가 시계를 확인하면서 다 챙겨 준 거잖아. 유치원 가는 시간과 잠자리에 드는 시간 따위 말이야."

"아무튼요. 그런데 막상 시계 보는 법을 알게 되면서 엄마는 '몇 시에 일어나라!', '몇 시까지 학교 가야지.', '몇 시까지 학원 가야지!' 하면서 저를 시간 속에 가둬 버렸어요."

"그건 시계 탓이 아니지. 사람이 시간에 따라 움직이는 건 당연

한 거야."

"시계만 없으면 시간에 따라 안 움직여도 되잖아요?"

중기는 엄마 말에 한마디도 지지 않았어요.

"시계는 시간하고 상관없다니까! 아휴, 답답해!"

엄마는 가슴을 탕탕 쳤어요.

그러자 그때까지 옆에서 듣던 아빠가 씩 웃으며 말했어요.

"중기 말도 맞아! 어릴 때는 아직 시계 보는 법을 몰라서 시간에 구속을 받지 않는 시기거든."

"그렇다니까요. 아, 진심 옛날로 돌아가고 싶다!"

중기의 말을 들은 엄마는 어이없는 표정을 지었어요.

"시계가 없어서 시간을 모르면 우린 아무것도 못 할 거야."

"시간을 모른다고 아무것도 못 하는 건 아니지! 시계가 없어도 시간은 어차피 흘러가고 그 시간 속에서 우린 무엇이든 하고 있을 테니!"

아빠의 말에 엄마는 황당한 표정을 지었어요.

"당신이 그렇게 말하니까 중기가 시계나 감추는 거잖아! 아무튼 둘이 알아서 시계 달아 두시지!"

버럭 화를 낸 엄마는 몸을 휙 돌려 주방으로 가 버렸어요.

아빠는 중기를 보며 어깨를 으쓱했어요.

"엄마가 왜 화가 났는지 알고 있지?"

"시계 감춘 것 때문에 그런 거잖아요."

중기의 말에 아빠는 고개를 저었어요.

"그보단 네가 시간을 너무 허비하고 있어서 그런 거야. 시간은 한 번 흐르면 돌아오지 않거든."

"얼마 전에 엄마가 시간을 관리하라고 했는데 난 그 말이 뭔지 모르겠어요. 보이지도 않는 시간을 어떻게 관리해요?"

중기의 말에 아빠는 미소를 지었어요.

"시간이 정말 안 보인다고 생각하니?"

"그럼요. 아빠는 시간이 보여요?"

"그럼, 아빠는 시간이 아주 잘 보인단다!"

아빠는 손가락으로 허공 여기저기를 마구 찔러 댔어요.

"시간은 여기도 있고, 저기도 있고. 어이쿠, 요기도 있네!"

우스꽝스럽게 움직이는 아빠의 모습에 중기도 피식거렸어요.

"에이, 그게 뭐예요."

"시간은 많은 것을 변화시킨다는 뜻이야. 이 순간에도 시간은 흐르고 있으니까."

"네? 그게 무슨 말이에요? 보이지도 않는 시간이 뭘 변화시켜요?"

중기의 질문에 아빠는 주위를 두리번거렸어요. 그리고 은밀하게 말했어요.

"이제 너도 시간에 대해 생각할 시기가 된 것 같구나."

"네? 그게 무슨 말이에요?"

중기가 의아한 표정으로 묻자 아빠는 더욱 은밀하게 말했어요.

"시간몬스터가 너를 찾아올 시간이 됐단 말이지……."

"시간몬스터요? 그건 또 뭐예요?"

"아빠가 딱 너만 했을 때였다……."

아빠는 허공을 보며 말을 시작했어요.

"어렸을 때 아빠는 약속도 안 지키고 학교도 빠지기 일쑤였단다. 시간은 생각해 본 적도 없고, 관심도 없었어. 한마디로 사고뭉치에 말썽꾸러기였지. 그러던 어느 날 밤이었어."

처음으로 듣는 아빠의 어린 시절 얘기에 중기는 흥미진진한 눈으로 다음 말을 기다렸어요.

"그날도 하루 종일 밖에서 놀다가 잠자리에 들었는데 한밤중에 이상한 소리가 나는 거야."

"무슨 소리요?"

아빠는 주변을 살피더니 중기에게 귓속말로 말했어요.

"째깍째깍! 째깍째깍!"

"엥? 그건 그냥 시계 소리잖아요?"

중기의 말에 아빠는 고개를 끄덕였어요.

"맞아. 시계 소리에 잠에서 깨어 주변을 살폈지. 그런데 방 안에 이상한 형체가 하나 서 있는 거야."

"뭐였는데요?"

중기는 살짝 무서워졌어요.

아빠는 침을 꿀꺽 삼키며 이야기를 이어 갔어요.

"처음 보는 괴물이었어. 둥글둥글한 몸에 여기저기 시계를 주렁

주렁 달고 있었지. 째깍째깍 소리는 그 괴물이 달고 있는 시계들로부터 흘러나온 것이었지."

중기는 아빠가 조금 전에 말한 게 생각나서 물었어요.

"혹시 그 괴물이 시간몬스터였나요?"

아빠가 고개를 끄덕였어요.

"너무 무서워서 온몸에 소름이 돋았지 뭐야."

중기가 정색했어요.

"에이, 시간몬스터가 어디 있어요. 거짓말이죠? 유치원 때나 속지 이젠 그런 거에 안 속아요."

"거짓말 아니라니까!"

의심하는 중기 시선을 무시하고 아빠는 말을 계속 이어 갔어요.

"시간몬스터가 아빠한테 질문을 하나 했지. 그런데 아빠가 그 질문에 답을 제대로 하지 못했어. 그랬더니 모험이 시작됐단다."

"무슨 모험이요?"

"그게 뭐냐 하면……."

그때 엄마의 고함 소리가 들렸어요.

"중기야, 잘 시간이다!!"

아빠는 주방을 보더니 중기에게 말했어요.

"오늘은 이만 자고 다음에 다시 얘기하자!"

중기는 아빠가 했다는 모험이 무엇인지 궁금했지만 침대로 갈 수밖에 없었어요.

침대에 눕긴 했지만 잠이 오지 않아 눈을 말똥말똥 뜨고 있던 중기는 한 가지 궁금한 것이 떠올랐어요.

'시간몬스터가 아빠한테 질문한 게 뭐였지?'

이런저런 생각을 하다가 잠이 들고 말았어요.

'째깍째깍'

어디선가 시계 소리가 들리기 시작했어요.

'무슨 소리지?'

잠에서 깬 중기는 눈을 살짝 떴어요.

'째깍째깍'

'이건 시계 소리인데? 설마?!'

침대에서 벌떡 일어난 중기는 방 안에 있는 이상한 형체를 보았어요.

그것은…… 둥글둥글한 몸에 시계를 주렁주렁 달고 있었어요.

"헉!! 저건?"

아빠가 말한 시간몬스터가 분명했어요.

중기가 재빨리 침대 옆 스탠드 불을 켜자 시간몬스터의 모습이 분명하게 보였어요.

눈도 시계처럼 동그랗고, 입도 시계처럼 동그랗게 생겼어요. 전체적으로 몬스터라기보단 귀여운 악동 인형처럼 생겼어요. 온몸에 흉할 정도로 주렁주렁 달고 있는 시계만 빼고요.

"저기…… 시간몬스터 맞죠?"

중기는 용기 내어 말했어요.

시간몬스터는 아무 말 없이 중기를 바라보며 씩 웃었어요. 그리고 드디어 동그란 입을 열었어요.

"시간은 무엇이지?"

"네?"

"시간이 무엇인지 네 생각을 제대로 말하면 계속 잠을 잘 수 있고, 아니면 나하고 모험을 떠나야 해!"

'아빠에게 했다는 질문이 이거였구나…….'

중기는 속으로 생각하며 머리를 최대한 쥐어짰어요.

"음, 시간은…… 시간은…… 시간은 뭐더라?"

중기의 말이 채 끝나기도 전에 방에 찬 바람이 휙 불었어요. 그러더니 침대 위의 중기의 모습이 어디론가 사라졌어요. 시간몬스터도 함께 사라지고 보이지 않았어요.

인문철학 왕 되기

시간이란 무엇일까?

변화 아닐까요?
시간은 우리 눈에 보이거나
만져지지는 않지만 다른 모든
것들을 변화시키잖아요.

시간을 알려 주는 달력

시간은 시각과 시각 사이의 간격 또는 그 단위를 가리키는 말이야.
시계가 없던 먼 옛날, 사람들은 달력을 만들어 냈어. 언제 씨를 뿌리고 곡식을 거두어들여야 하는지 알려면 계절의 변화를 알아야 했어. 그래서 매일매일 달라지는 달의 모양과 움직이는 별자리를 관찰했지.
그 결과 달이 원래 모양으로 돌아오는 29.5일을 한 달로 정했어. 이게 열두 번이 되풀이되어 별자리가 원래 자리로 돌아오는 기간을 1년이라고 정했지. 달을 기준으로 하기 때문에 '태음력'이라고 불러. 약 5,000년 전 먼 옛날, 지금의 이라크 지역에 살던 수메르 사람들이 처음으로 만들었단다. 이 달력으로는 1년이 354일이야.

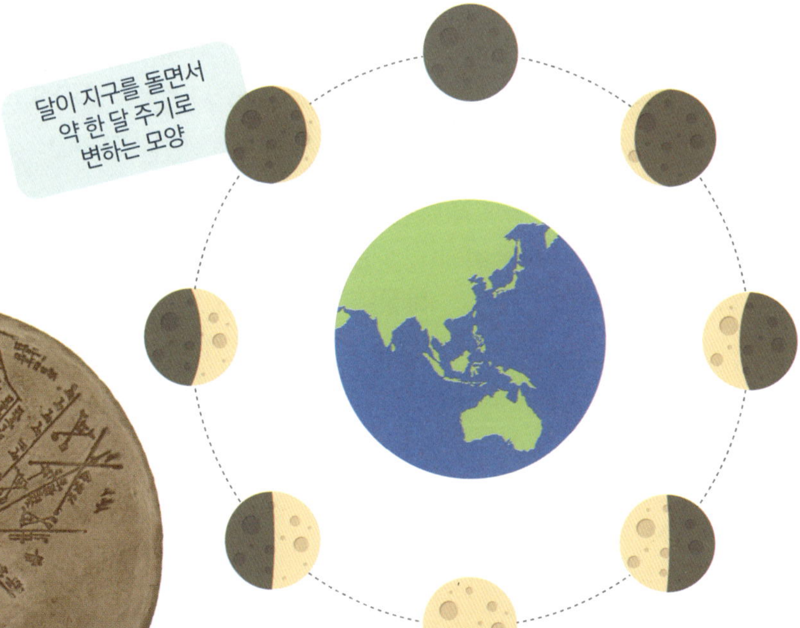

달이 지구를 돌면서 약 한 달 주기로 변하는 모양

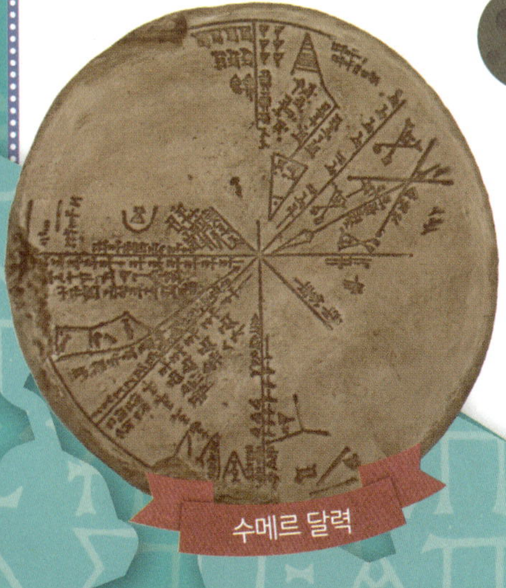

수메르 달력

태양의 변화를 기준으로 한 '태양력'도 있어. 먼 옛날 지금의 이집트 지역에 살던 사람들이 태양의 움직임과 별자리의 변화를 기록해서 1년이 약 365일이라는 걸 알아냈어. 오늘날 쓰는 달력이 여기에서 비롯했다고 하니, 정말 대단하지 않니?

고대 이집트에서 쓰던 달력

오늘날에는 이 태양력을 바탕으로 한 그레고리 달력이 전 세계적으로 쓰이고 있단다. 달력을 보면 몇 월 며칠인지 알 수 있어. 1년을 한눈에 볼 수도 있고. 1년은 열두 달인데, 열두 달이 다 지나면 새로운 1년이 시작되는 거야.

우리는 태양력 달력을 쓰지.

1년 금방 간다, 빨리빨리!

이상한 나라의 시간

"여기가 어디지?"

중기는 어리둥절한 얼굴로 주변을 둘러봤어요. 주위는 온통 나무와 풀이 가득한 숲속이었어요. 방금 전까지 방 안 침대에 있었는데 마치 마법처럼 공간을 이동했어요.

중기는 옆에 서 있는 시간몬스터에게 물었어요.

"여기가 어디죠?"

"쉿!"

시간몬스터는 대답 대신 손가락을 입술에 갖다 댔어요. 그리고 작은 목소리로 말했어요.

"여기서 시간에 관한 힌트를 얻을 수 있을 거야."

"네? 그게 무슨 말이죠?"

그때 바스락바스락 낙엽 밟는 소리가 나면서 무엇인가 뛰어왔어요.

"바쁘다, 바빠!!"

누군가의 목소리에 나무 틈 사이로 내다본 중기는 깜짝 놀랐어요. 옷을 잘 차려입은 토끼가 혼잣말을 하면서 달려오고 있었기 때문이에요. 토끼는 허리춤에 찬 회중시계를 꺼내 보면서 또다시 중얼거렸어요.

"바쁘다, 바빠!! 너무 바쁘다고!"

"『이상한 나라의 앨리스』에 나온 토끼하고 비슷한 거 같은데?"

중기가 고개를 갸웃거렸어요.

토끼가 그들이 서 있는 나무 앞을 지나는 순간, 시간몬스터가 중기의 손을 잡더니 토끼 앞을 가로막았어요.

토끼는 깜짝 놀라 외쳤어요.

"너희들은 누구야? 아니, 누구든 상관없어! 시간 없으니까 내 앞을 가로막지 마!"

시간몬스터가 물었어요.

"뭐가 그리 바쁜 거야?"

"오늘 할 일이 산더미인데, 시간이 너무 빠르게 흘러! 이거 봐!"

토끼는 회중시계를 내밀며 말을 이었어요.

"봐! 시곗바늘이 엄청 빨리 돌고 있지? 이건 시간이 빨리 흐른다는 증거야!"

시계를 본 중기는 고개를 갸웃거렸어요.

'째깍째깍' 다른 시계와 똑같은 속도로 시곗바늘이 움직이고 있었거든요.

"글쎄, 난 시곗바늘이 빠른 건지 잘 모르겠는걸!"

그러자 토끼는 답답한 표정으로 말했어요.

"너희도 느릿느릿 고양이와 똑같구나?"

그 말만 남기고 토끼는 다시 뛰기 시작했어요. 토끼가 뛰어가며 투덜거리는 소리가 중기 있는 곳까지 들렸어요.

"바쁜 토끼 방해나 하고 말야, 시간이 얼마나 빨리 가는데……."

멍하니 토끼를 바라보던 중기의 팔을 시간몬스터가 잡았어요.

"우리도 따라가 보자!"

"네? 왜요?"

"토끼가 왜 시계가 빠르게 움직인다고 하는지 궁금하지 않아? 우리에겐 똑같이 보이는데 말이야."

"궁금하죠. 얼른 따라가요."

중기가 앞장섰어요.

토끼가 도착한 곳은 커다란 나무 앞이었어요. 토끼는 나무 둘레를 빙빙 돌며 외쳤어요.

"냥냥아, 냥냥아. 얼른 나와 봐!"

하지만 아무도 대꾸하지 않았어요. 토끼는 초조한 얼굴로 더 크게 외쳤어요.

"냥냥아! 그만 자고 나와. 파티 시간에 늦겠어!"

그때 부스럭거리는 소리가 나더니 나뭇잎 사이로 고양이가 모습을 드러냈어요.

고양이를 본 중기의 눈이 커졌어요. 『이상한 나라의 앨리스』에서 본 적이 있는 체셔 고양이였기 때문이에요.

"아함~!"

고양이는 입을 쫙 벌리며 하품을 했어요.

"토끼 왔구나. 근데 뒤에 있는 분들은 누구야?"

뒤를 돌아본 토끼는 시간몬스터와 중기를 확인했어요.

"나도 몰라. 시간 없으니 빨리 내려오기나 해!"

"지금 몇 시길래 그렇게 서두르는 거야?"

체셔 고양이는 투덜거리며 손목에 찬 시계를 확인했어요.

"파티는 6시인데 지금 4시밖에 안 됐는걸. 아직 멀었네."

그러자 토끼가 짜증을 냈어요.

"너의 시곗바늘은 느리게 흐르잖아. 내 시곗바늘은 빠르게 흐른다고!"

그 말을 듣자 시간몬스터가 중기에게 속삭였어요.

"시곗바늘이 느리게 움직이는 경우가 있을까?"

"글쎄요. 고장 난 시계라면 가능할 수도 있겠죠."

"그럼 고장 났는지 안 났는지 확인해 볼까?"

시간몬스터가 앞으로 나서며 고양이를 향해 외쳤어요.

"냥냥아~ 네 시계 좀 보여 줄 수 있어?"

"그거야 어렵지 않지."

고양이는 나무에서 점프를 하더니 땅에 안전하게 착지했어요.

"자, 봐."

중기와 시간몬스터가 고양이의 시계를 확인했어요.
그런데 시곗바늘의 속도는 전혀 느리지 않았어요. 시간몬스터가 자신이 달고 있는 시계들과 비교해 봤더니 시간도 정확히 똑같았어요.

그때 토끼가 끼어들며 말했어요.

"봐! 그 시곗바늘은 느리지? 그러니까 항상 지각을 하는 거야!"

그러자 고양이가 말했어요.

"네 시곗바늘이 빠른 거라니까. 내 시계가 정상이야!"

두 사람이 옥신각신 다투는 모습을 본 중기가 시간몬스터에게 물었어요.

"제가 보기엔 두 시계가 다 정상인데 왜 저러는 거죠? 여기가 이상한 나라여서 그런가요?"

그러자 시간몬스터가 웃으며 말했어요.

"너에게 한 시간이 주어졌을 때 친구들과 놀거나 게임을 하면 그 시간이 빠르게 가는 것 같았어? 아니면 느리게 가는 것 같았어?"

"한 시간은 금방이죠!"

중기는 고민 없이 대답했어요.

"게임은 몇 시간을 하든 눈 깜빡할 사이에 지나가던데요."

중기가 덧붙인 말에 시간몬스터

는 고개를 끄덕였어요.

"그래, 그럼 어려운 수학 문제를 풀거나 부모님에게 꾸중을 들을 때의 한 시간은 어땠어?"

"너무 길게 느껴졌죠. 시간이 정말 안 갔어요."

그러자 시간몬스터가 토끼와 고양이를 가리키며 말했어요.

"그래서 저 둘의 시곗바늘이 다르게 보이는 거란다. 토끼는 항상 바쁘게 즐거운 일을 하면서 살아가기 때문에 시간이 빠르게 흐른다고 느끼지. 반대로 고양이는 느긋하게 하루 종일 잠만 자는 생활을 하기 때문에 시간이 느리게 흘러간다고 느끼지. 그 생각이 각자의 시계에 반영되어 나타나는 거야! 시곗바늘이 빠르게 혹은 느리게! 여긴 이상한 나라니까!"

중기는 한참 생각하다가 말했어요.

"맞아요. 하기 싫은 일이 많은 하루는 참 길게 느껴져요. 하지만 놀이동산에 가거나 친구들과 노는 하루는 참 짧게 느껴져요."

"그렇지. 너의 시간은 어떤 때는 토끼이기도 하고, 고양이이기도 한 거야."

"그 말은 나의 즐거운 시간은 토끼의 시간처럼 빠르게 지나가는 것같이 느끼고, 지루한 순간은 고양이의 시간처럼 느리게 가는 것 같이 느끼는 것이겠네요?"

"오, 보기보단 똑똑한데?"

시간몬스터의 말에 중기는 눈을 가늘게 뜨며 물었어요.

"그거 칭찬 맞아요? 비꼬는 거 아니죠?"

시간몬스터가 정색하며 말했어요.

"나의 또 다른 별명이 칭찬 몬스터야!"

"흠흠, 알겠어요."

시간몬스터는 미소를 지으며 말을 이었어요.

"여기서 중요한 것은 시간은 모두에게 똑같이 흐른다는 것이지. 그 시간을 빠르게 느끼는 것과 느리게 느끼는 것은 결국 개인의 선택인 셈이야."

"저 토끼와 고양이처럼 말이죠?"

중기는 토끼와 고양이를 봤어요.

'토끼처럼 빠르게 살아가는 삶이 좋을까? 고양이처럼 느리게 살아가는 삶이 좋을까?'

한참을 생각하던 중기는 답을 찾지 못했어요.

'어떤 삶이든 나에게 주어진 시간을 잘 쓰는 게 중요

하겠지!'

그렇게 생각하자 마음이 가벼워졌어요.

그런데 그 순간 몸도 가벼워졌죠.

시간몬스터가 중기의 몸을 잡고 하늘을 날고 있었거든요!

"으아악!!!!"

인문철학 **왕** 되기

시간은 정말 똑같이 흘러가는 걸까?

분명 때에 따라 시간 가는 속도가 다르게 느껴진단 말이죠.

선생님, 친구와 놀거나 게임하다 보면 십 분밖에 지나지 않은 것 같은데 한 시간이 지난 경우가 있어요. 근데 하기 싫은 공부를 할 때는 한 시간이 지난 것 같은데 십 분밖에 안 된 경우도 있어요. 시계가 알려 주는 시간과 진짜 시간은 같은 걸까요?

맞아. 그런 경험 나도 있어. 그렇다고 해서 시계 속의 시간이 정말로 다르게 간다는 이야기는 아니지요?

맞아. 시계가 알려 주는 시간은 똑같이 흐르지만, 각자가 어떻게 느끼고 생각하는가에 따라 똑같은 한 시간도 빠르게 갈 수도 있고 느리게 갈 수도 있음을 말하는 거야.

철학자가 말하는 시간

프랑스의 철학자 앙리 베르그송(1859~1941)은 우리가 시계로만 알 수 있는 시간과 다른 시간 개념을 말했어. 시계로 알 수 있는 시간은 "세 시간이 지났다.", "지금은 5시 55분이다." 같은 것이지? 베르그송은 이러한 시간을 '계산할 수 있는 시간'이라고 설명했어.

산업이 엄청나게 발전하면서는 시, 분, 초까지 정확하게 알려 주는 기계식 시계가 만들어졌어. 사람들의 생활에도 큰 변화가 일어났지.

정확한 시간에 약속을 하게 되었고 규칙을 정해 같은 시간에 출퇴근하고 학교에 가는 생활을 하게 된 거야. 이에 따라 생활은 편리해지기도 했지만, 시간에 얽매이게 된 단점도 있지.

앙리 베르그송

시계 역할도 하는 핸드폰

또 다른 시간은 우리 각자가 느끼는 시간을 말해. 즉 나의 기억, 나의 경험을 바탕으로 느끼게 되는 시간 말이지. 베르그송은 이런 시간들이 시계가 알려 주는 시간보다 더 '진정한 시간'이라고 주장해. 왜냐하면 그 시간 안에는 자기 자신을 더 잘 이해할 수 있는 경험이 스며들어 있기 때문이지.

친구와 즐겁게 노는 시간, 좋아하는 사람과 데이트하는 시간, 귀여운 강아지랑 산책하는 시간 등 자신에게 소중한 경험이라면 그게 바로 진정한 시간인 거야.

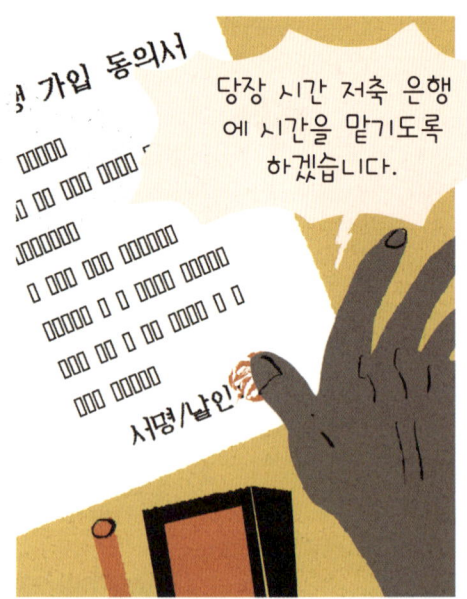

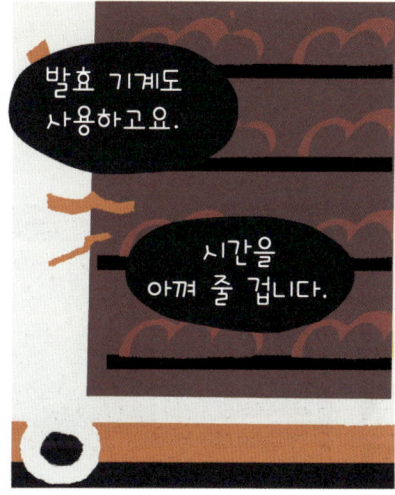

시간을 되돌릴 수 있을까?

"으악!!"

비명을 지르며 중기가 떨어진 곳은 서양의 어느 저택이었어요. 벽난로에 장작이 타고 있고, 침대에선 한 사람이 자고 있었어요. 멀리서 크리스마스 캐럴이 들려왔어요.

"여긴 어디지?"

중기가 주위를 둘러보며 중얼거렸어요. 시간몬스터는 어디에 있는지 보이지 않았어요.

그때 중기의 몸에 오싹한 한기가 느껴졌어요. 무서운 영화를 볼 때 느끼던, 바로 그런 오싹함이었어요. 아니나 다를까…….

"너는 누구냐아아아?"

무서운 소리가 마치 메아리처럼 울렸어요. 중기는 침을 꿀꺽 삼키며 뒤를 돌아봤어요. 창백하고 무서운 얼굴이 중기 뒤통수에 바짝 붙어 있었어요.

"아아악!!"

중기는 소리를 지르며 문 쪽으로 달려갔어요. 그 순간, 문이 벌컥 열리더니 시간몬스터가 들어왔어요.

중기는 시간몬스터의 품으로 그대로 파고들며 외쳤어요.

"유, 유령이에요. 유령!!"

시간몬스터가 중기 뒤에 있는 유령을 보더니 씩 웃었어요.

"그래, 유령은 맞아. 그런데 내 친구야! 몬스터 대학을 함께 나왔거든!"

"모, 몬스터 대학요? 그게 뭔데요?"

중기는 말을 계속 더듬으며 물었어요.

"인간 세상의 사람들과 모험을 함께 하면서 지식을 가르쳐 주는 곳이지! 너희 인간들의 대학교 같은 것이라고 보면 돼!"

그때 유령이 다가와 중기에게 손을 내밀었어요.

"반갑다. 나는 시간 여행 담당인 유러엉이야!"

중기는 얼결에 손을 내밀어 유령의 손을 잡았어요. 싸늘한 한기가 손에서도 느껴졌어요.

"이 친구는 사람들과 과거, 현재, 미래를 여행하면서 어떻게 살아야 하는지 알려 주는 일을 하고 있어."

시간몬스터가 친구인 '유러엉'이 하는 일을 설명했어요.

"친구야, 오늘 맡은 일은 뭐야?"

시간몬스터의 질문에 '유러엉'이 침대 위를 가리키며 답했어요.

"저 할아버지가 구두쇠에다 못된 사장으로 소문났거든. 그래서 시간 여행을 하면서 인생에 대해 다시 한번 생각하게 하려고!"

"재밌겠는걸. 우리도 따라가도 될까?"

그 제안에 중기가 시간몬스터의 옆구리를 쿡쿡 찔렀어요.

"유령을 왜 따라가요? 그러다 우리도 지옥에 가면 어쩌려고요?"

중기의 겁에 질린 얼굴이 재밌다는 듯 시간몬스터가 킥킥 웃었어요.

"왜? 평소 나쁜 일 많이 했어? 그래서 지옥에 갈 것 같아?"

"아니, 그게 아니라…… 아무래도 유령이고 하니까……."

중기의 시무룩한 말에 시간몬스터가 말했어요.

"과거, 현재, 미래를 가 본다고 하잖아. 그럼 우리가 알아보고 있는 시간에 대한 의미도 생각해 볼 수 있을 거야."

중기와 시간몬스터가 대화를 나누는 사이, 유령은 침대 위에 있는 사람을 흔들어 깨웠어요. 얼굴에 주름이 아주 주글주글한 할아

버지였어요. 할아버지는 유령을 보고 깜짝 놀라는 눈치였어요.

유령은 아무 설명도 없이 할아버지를 데리고 어디론가 사라졌어요. 그러자 시간몬스터가 중기를 보고 말했어요.

"자, 이러고 있을 시간이 없어. 우리도 따라가자!"

중기가 시간몬스터와 도착한 곳은 어느 작은 상점이었어요. 문을 닫은 상점 안에선 직원들이 모두 모여 크리스마스 파티를 즐기고 있었어요.

먼저 도착한 유령이 할아버지와 함께 상점 안의 사람들을 보고 있었어요. 상점 안의 사람들은 유령과 할아버지의 존재를 모르고 있는 눈치였어요.

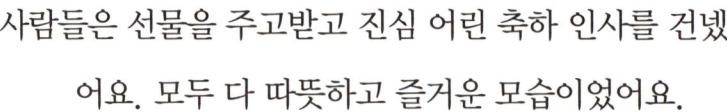

사람들은 선물을 주고받고 진심 어린 축하 인사를 건넸어요. 모두 다 따뜻하고 즐거운 모습이었어요.

그 중에 특히 젊고 멋진 청년의 주위엔 사람들이 많이 모여 있었어요. 청년은 주위 사람들에게 직접 만든 맛있는 과자를 선물해 주고 있었어요.

그 모습을 보고 있던 할아버지는 중얼거렸어요.

"내 젊을 때 모습이야. 사람들과 사이좋게 지냈었지……."

그러자 유령이 할아버지에게 물었어요.

"그런데 지금은 왜 못되게 지내?"

그 말을 듣자 할아버지가 언성을 높였어요.

"내가 뭘? 지금도 사람들이 전부 날 좋아해!"

"그래? 어디 확인해 볼까!"

유령이 할아버지를 데리고 어디론가 또 사라졌어요.

그 모습에 시간몬스터가 한숨을 쉬며 말했어요.

"휴우, 오늘은 공간 이동하느라 바쁘네."

다음에 일행이 도착한 곳은 커다란 마트였어요. 마트 직원들은 서로 농담도 하며 즐겁게 일하고 있었어요.

"내가 여기 사장이야!"

할아버지가 유령에게 자랑스러운 표정으로 말했어요.

"우리 직원들도 모두 다 날 좋아한다고!"

그때 떠들썩하던 마트 분위기가 갑자기 조용해졌어요. 출입구에 누군가 등장했기 때문이었어요. 바로 현재 모습과 똑같은 모습의 할아버지였어요. 유령과 함께 있던 할아버지는 자신과 똑같은 모습을 보자 신기한 듯 바라보았어요. 중기도 흥미진진한 얼굴로 지켜보았어요.

"사장님, 오셨어요?"

직원들이 굳은 표정으로 인사를 했어요.

할아버지는 인사도 받지 않고 직원들 사이를 지나다니며 지적을 했어요. 머리와 옷차림 등 지적질은 끝이 없었어요.

그때 어떤 중년의 아주머니가 마트 안으로 들어왔어요. 아주머니는 할아버지를 보자 빠르게 다가와서 애원을 했어요.

"사장님, 밀린 월급 좀 주세요."

하지만 할아버지는 인상을 쓰며 아주머니를 바라봤어요.

"나중에 오라니까! 지금 줄 돈이 없다고!"

아주머니는 할아버지의 옷을 잡고 애원했어요.

"벌써 몇 번이나 미루셨잖아요. 당장 우리 가족 먹을 음식을 살 돈도 없어요."

하지만 할아버지는 아주머니의 손을 뿌리치고 마트 안쪽으로 사라졌어요. 혼자 남은 아주머니는 눈물만 뚝뚝 흘렸어요. 유령과 함께 있는 할아버지는 무표정하게 그 모습을 바라보았어요.

"어때? 너무 못되지 않았어? 저 아주머니는 열심히 일했는데 악덕 고용주인 당신은 밀린 월급을 주지 않고 있어. 젊었을 때 당신은 저렇게 비인간적이지 않았어. 왜 그렇게 된 거야?"

그러자 할아버지가 말했어요.

"내가 사장 자리까지 어떻게 올라갔는 줄 알기나 해? 모두 다 돈을 아껴서 그런 거야."

유령 말에 할아버지는 뻔뻔한 표정으로 답했어요.

"시간이 흘렀잖아. 시간이 지나면 사람은 변하는 법이야!!"

그러자 유령은 화가 난 음성으로 말했어요.

"돈이 좋으면 사람들은 불행하게 만들어도 좋다는 뜻이야? 좋아! 그럼 미래의 네 모습이 어떤지 보여 주지."

유령은 할아버지를 데리고 또 어디론가 사라졌어요.

시간몬스터와 함께 중기가 도착한 곳은 누군가의 장례식장이었어요. 하지만 영정 사진과 향만 피워져 있을 뿐 사람들은 전혀 보이지 않았어요.

영정 사진은 바로 할아버지의 얼굴이었어요. 할아버지는 자신의 장례식장 모습을 보더니 충격에 빠졌어요.

"저게 내가 죽은 미래의 모습이라고? 근데 왜 장례식장에 추모객들이 한 명도 안 보여?"

그 말에 대답이라도 하듯 장례식장에서 일하는 사람들이 수군거리는 소리가 들렸어요.

"저 노인 살아 있을 때 엄청 못된 사람이었다며?"

"그래, 마트 사장이면서 돈만 너무 밝혔대."

"그래서 슬퍼하는 사람이 한 명도 없구나."

"가족들도 질려서 다 떠났다던데!"

수군대는 말을 들은 할아버지의 얼굴이 하얗게 질렸어요.

"정말 내 장례식장이 저럴 거라고?"

"보시다시피!"

얼빠진 듯 서 있던 할아버지는 다급히 유령의 팔을 잡았어요.

"시간을 되돌려 줘. 이제 돈은 필요 없어. 사람들에게 잘하며 살 테니 지나간 시간만 되돌려 줘!"

하지만 유령은 냉정한 얼굴로 말했어요.

"불가능해! 시간은 절대로 되돌릴 수 없어!"

그 말에 할아버지가 외쳤어요.

"나, 다시 돌아갈래!"

그 모습을 보고 있던 시간몬스터가 고개를 절레절레 저었어요.

"정말 후회하는구나. 하지만 시간은 오로지 직진만 있을 뿐이

야. 절대 거꾸로 흐르지 않거든!"

중기는 뭔가 생각했어요.

"한번 지나간 시간은 바꿀 수가 없단 말이죠? 그러니까 저 할아버지가 못된 행동을 했던 그 시간을 절대 바꿀 수 없고요?"

"그렇지! 특정 시간에 한 행동은 말 그대로 각자의 기억 속에 영원히 간직되는 거란다! 좋든 나쁘든 말이야!"

중기는 자신이 보낸 시간을 생각했어요. 말썽을 부려서 부모님을 속상하게 한 일, 동생과 심하게 싸우던 일. 다시 돌아가서 바로잡고 싶은 시간들이 계속 떠올랐어요. 하지만 이제 그 시간으로 돌아갈 수 없어요. 시간은 오로지 앞으로만 흐르기 때문이에요.

시간몬스터는 중기가 어떤 생각을 하는지 알아챈 눈치였어요.

"지나간 시간은 어쩔 수 없어. 그러니 이제부터 후회 없는 시간을 보내도록 노력해야지."

중기는 고개를 끄덕였어요. 그리고 보니 즐거웠던 시간도, 힘들었던 순간도 모두 과거의 일이었어요.

'유리엉이 만약 자신을 찾아와 과거로 되돌아가면 어떤 것을 보게 될까? 그리고 내 미래는 어떻게 다가올까?'

고민에 빠진 사이, 중기의 몸이 또 공중으로 떠올랐어요.

"으아악!!"

'빵빵—'

어디선가 요란한 차 소리가 들렸어요. 중기와 시간몬스터는 차들이 오가는 도심 한복판에 있었어요.

"여긴 어디지?"

두리번거리는 중기를 시간몬스터가 휙 낚아챈 뒤 옆 골목으로 데려갔어요.

"왜 그래요?"

"쉿!"

시간몬스터는 골목 밖으로 얼굴을 내민 뒤 어딘가를 살피고는 중기에게 말했어요.

"저기 세계적인 도둑이 있어."

"네? 도둑요?"

"그래, 너무 유명한 도둑이지. 우리도 가진 걸 털릴 수 있으니 조심해야 해!"

그러자 중기가 주머니를 까뒤집으며 말했어요.

"가진 게 아무것도 없는데요. 주머니에서 먼지만 나와요."

말을 마친 중기는 고개를 내밀어 도둑이라는 사람을 바라봤어요. 중절모를 쓴 멋진 신사가 야외 카페에 앉아 차를 마시고 있었어요.

"저 사람이 도둑이라고요? 그렇게 안 보이는데?"

"괴도 루팡이라고 못 들어 봤어?"

"들어 본 것 같기도 하고……."

"그러니까 책 좀 읽으라니까."

시간몬스터는 중기를 타박하고 다시 루팡 쪽을 바라봤어요.

"그런데 한 가지 궁금한 게 있어요. 세계적인 도둑이라면서 왜 저렇게 거리에 멀쩡히 돌아다니고 있어요? 도둑이면 감옥에 있어야 하는 거 아닌가요?"

"아직 한 번도 붙잡힌 적이 없어."

"정말요? 근데 저 도둑이 시간하고 무슨 관련이 있어서 이렇게 온 거예요? 시간이라도 훔치나요?"

그러자 시간몬스터가 말했어요.

"봐라. 저 사람이 지금 시간을 어떻게 보내는지!"

중기는 루팡을 살폈어요.

"음, 차도 마시면서 자유롭게 시간을 보내는 거 같은데요?"

"지금은 그렇지. 이제부터 따라다니면서 살펴보자고."

"도둑을 미행하자고요? 와우, 경찰이라도 된 것 같은데요?"

중기는 잔뜩 들떠서 말했어요.

"우리는 시간에 대해 알아보러 온 거지 도둑을 잡으려고 온 게 아니란 걸 명심해!"

시간몬스터가 경고했지만 중기는 이미 날카로운 눈초리로 괴도 루팡을 감시하기 시작했어요. 카페에서 나온 루팡은 여유롭게 거리를 돌아다녔어요. 여기저기 가게들을 구경하며 한가롭게 걷던 루팡이 향한 곳은 놀이동산이었어요.

놀이동산에 간 루팡은 놀이 기구를 타며 신나게 놀았어요. 그 모습을 보고 있던 중기도 몸이 근질근질했어요.

"나도 타고 싶다……. 저 도둑만 종일 따라다니려니 힘들어요."

그러자 시간몬스터가 물었어요.

"괴도 루팡이 지금은 시간을 어떻게 보내는 것 같아?"

"음, 하고 싶은 거 다 하고, 먹고 싶은 것도 다 먹고, 여전히 시간을 마음대로 보내고 있는데요. 솔직히 부러워요."

"그래, 지금은 루팡 스스로가 자신의 시간을 마음껏 사용하고 있지만 이제 무슨 일을 벌이는지 봐라!"

그 말이 끝나기가 무섭게 루팡은 서둘러 놀이동산을 나갔어요. 손목에 찬 시계를 계속 확인하면서 빠르게 움직이고 있었어요.

한참을 이동하던 루팡은 커다란 성 앞에 도착했어요. 주위에 아무도 없는 것을 확인한 루팡은 갑자기 성벽을 기어 올랐어요. 마치 거미처럼 잘 올라가더니 순식간에 담장을 넘어 사라졌어요.

"어어?"

중기는 자신도 모르게 소리를 냈어요.

"지금 도둑질하려고 넘어가는 거 아니에요? 말려야 하는 거 아니냐고요!"

안절부절못하는 중기와 반대로 시간몬스터는 태연했어요.

잠시 후, 성벽 위에 다시 모습을 드러낸 루팡은 밧줄을 성벽 밖으로 던

졌어요. 그리고 그 밧줄을 타고 재빨리 내려왔어요.

성벽을 내려온 루팡은 주머니에서 뭔가를 꺼냈어요. 반짝반짝 빛나는 커다란 다이아몬드였어요.

"좋았어! 오늘 수입이 아주 좋은걸!"

루팡은 만족스러운 웃음을 지었어요.

중기는 그 모습을 어이없다는 표정으로 보고 있었어요. 루팡은 성안에 있는 다이아몬드를 훔친 거였어요.

그때였어요. 성문이 열리고 도로 곳곳에서 사이렌 소리가 요란하게 들려왔어요. 경찰들은 루팡을 잡아 경찰차에 태워서 호송해 갔어요.

"결국 잡혔네요?"

중기의 말에 시간몬스터가 고개를 끄덕였어요.

"자, 그럼 자유롭던 루팡의 시간이 이제 어떻게 바뀌는지 보러 갈까?"

시간몬스터가 중기와 함께 이동한 곳은 감옥이었어요.

"와, 감옥은 처음 와 봐요!"

중기가 신기하다는 듯 말했어요.

시간몬스터가 어이없다는 듯 말했어요.

"당연하지. 감옥엔 절대 오면 안 되지!"

"근데 루팡이 여기 있다고요?"

시간몬스터가 감옥 구석을 가리켰어요.

"저기 있잖아!"

죄수들 사이에 섞여 루팡이 힘없이 앉아 있었어요. 거리와 놀이 공원에서 자유롭게 돌아다니던 모습과는 너무 달랐어요.

"루팡이 감옥에서 어떻게 시간을 보내는지 보자!"

잠시 후, 감옥 문에 뚫려 있는 작은 구멍이 열렸어요.

"식사 시간이다!"

큰 소리와 함께 구멍으로 식사가 들어왔어요. 루팡과 죄수들은 허겁지겁 밥을 먹었어요.

밥을 다 먹은 루팡은 또다시 힘없이 구석에 앉아 있었어요. 시간을 어떻게 보내야 할지 모르는 모습이었어요. 카페와 놀이동산에서 자유롭게 시간을 보내던 모습과 너무 달랐어요.

그때 호루라기 소리가 나더니 감옥 문이 덜컹 열렸어요. 죄수들과 루팡은 교도관의 감시를 받으며 밖으로 줄지어 나갔어요.

운동장에 나간 루팡과 죄수들은 여기저기 서성이며 바깥 공기를 마셨어요. 하지만 그것도 잠시뿐, 다시 호루라기 소리가 나자 감옥 안으로 돌아왔어요.

그 과정을 보던 시간몬스터가 중기에게 물었어요.

"지금은 루팡의 시간을 누가 결정하고 있지? 루팡 본인일까?"

중기는 고개를 저었어요.

"아뇨. 루팡이 아니라 감옥에서 정해진 시간대로 따라 하고 있어요."

"그래. 그럼 감옥에 오기 전에는?"

"루팡 본인이 마음 내키는 대로 자유롭게 시간을 보냈죠."

"그래. 이렇게 다른 사람이 내 시간을 통제할 수 있단다. 감옥은 극단적인 경우이고, 우리도 종종 다른 사람에게 우리 시간을 통제당하면서 지내고 있어."

"예를 들면 학교처럼 말이죠? 종 치면 수업하고, 쉬는 시간엔 쉬다가, 일과가 모두 끝나야 집으로 돌아오니까요."

그 말에 시간몬스터가 기특하다는 듯 말했어요.

"어라, 이제 제법 뭔가 아는 눈치인데? 그게 바로 우리에게 온전히 주어진 시간에 다른 사람들이 관여하는 거란다."

"내 시간이라도 스스로가 그 시간을 지배하면서 살 수 없는 거군요. 어째 좀 슬픈데요."

중기의 말에 시간몬스터가 몸에 달고 있던 작고 귀여운 회중시계를 떼어 냈어요. 그리고 중기 앞에 내밀었어요.

"이게 뭐예요?"

"선물이야. 이 시계를 볼 때마다 너의 시간을 어떻게

보낼지 항상 생각하는 아이가 되면 좋겠어."

중기는 시계를 받으며 감사의 말을 했어요.

"고맙…… 으아악! 또 어디 갔웃?"

시간을 되돌릴 수 있을까?

시간을 되돌린다면 어느 때로 가고 싶은가요?

 시간 여행이 정말 가능할까? 영화에서 보면 과거로도 가고 미래로도 가고 하던데.

 너희들은 시간 여행이 가능하다면 해 보고 싶니?

 네. 저는 해 보고 싶어요. 과거로 가서 제가 했던 잘못된 행동을 다 바꾸고 싶어요.

 네에? 역시 현명한 철학자는 다르시네요!

 나는 지금 이대로가 가장 좋단다. 현재에 그냥 머물고 싶어. 현재 안에서 나의 과거와 미래를 모두 볼 수 있거든.

 저는 미래로 가서 제가 지금 꿈꾸는 대로 살고 있는지 보고 싶어요. 선생님은요?

소쌤의 TIP

현재만 중요한 시간일까?

사람들은 대개 현재를 가장 중요하게 생각하지. 하지만 과거 또한 중요한 이유는 우리가 잘못했던 것, 잘했던 것 등 우리에게 일어났던 많은 일들을 되돌아보고 반성하는 가운데 현재에서 더 잘 살 수 있는 방법을 찾을 수 있기 때문이야. 그리고 현재를 잘 살려고 하는 이유는 결국 더 나은 미래를 완성시키기 위해서이지. 이렇게 과거와 미래는 우리의 현재 삶에 굉장한 영향을 미치는 것이란다.

소쌤의 인문 특강 — 시계는 어떻게 만들어졌을까?

사람들이 만든 가장 오래된 시계는 해시계야.

원시 시대때 사람들은 나무 그림자를 보고 시간을 측정하였고, 중세 유럽에서 기계 시계가 나올 때까지 이 방법은 널리 사용되었어. 하지만 그림자의 길이를 재는 식의 해시계는 그 지역의 시간만을 잴 수 있었지. 그래서 막대기를 지구가 돌 때의 중심축과 나란하게 기울여서 시간을 재는 방법을 쓰게 되었어. 이걸 '선다이얼(Sun dial)'이라 하는데 사실상 시계 역사를 처음 썼다고 할 수 있지. 선다이얼은 기원전 1500년경 이집트 해시계가 가장 오래된 것이라고 추측하고 있단다.

해시계는 차츰 동서양으로 전해져서 널리 쓰였어. 우리나라에서도 조선 세종 대왕 때 해시계인 '앙부일구'를 사용했지.

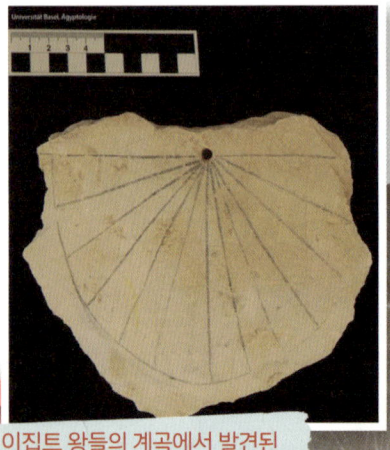

이집트 왕들의 계곡에서 발견된 세계에서 가장 오래된 해시계 (기원전 1500년경)

우리나라의 해시계인 '앙부일구'

그러나 해시계는 밤이나 날씨가 궂은 때 사용할 수 없다는 단점이 있었지.

기원전 1600년경에 바빌로니아나 이집트에서는 물시계를 만들어 썼대. 우리나라에도 조선 세종 대왕 때 장영실이 발명한 물시계 '자격루'를 썼어.

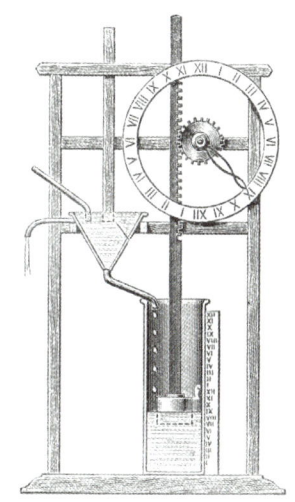

물시계

오늘날과 비슷한 시계는 약 4천 년 전, 지금의 이라크 지역에서 살던 수메르 사람들이 사용한 '60진법'에서 나왔어. 60진법은 매 60번째마다 앞자리 숫자가 하나씩 커지는 거야. 60초는 1분, 60분은 1시간으로 치는 게 60진법에서 나왔지. 하루를 24시간으로 정한 것도 수메르 사람들이었어. 참 놀랍지?

자격루

수메르 사람들이 참 대단하네!

사라진 시간몬스터

"이번엔 어디지?"

중기가 눈을 살포시 떴어요. 많이 보던 공간이었어요.

"어? 우리 집 거실 같은데?"

가구가 많이 낡았고 몇 가지 다른 점도 있었지만, 중기의 집이 맞았어요.

"드디어 집으로 돌아왔구나!"

중기는 아주 오랜 시간 모험을 하고 온 기분이 들었어요.

시간몬스터는 어디론가 사라지고 없었어요. 작별 인사를 못 한 건 좀 아쉬웠지만, 집으로 돌아온 것이 더 좋았어요.

'그런데 엄마 아빠는 어디 계시지?'

중기는 큰 소리로 엄마를 불렀어요. 하지만 아무도 대답을 하지 않았어요.

"마트 가셨나? 피곤한데 방에서 좀 자야겠다!"

자신의 방문을 연 중기는 깜짝 놀랐어요. 성인 남자가 자신의 방 안에서 컴퓨터 게임을 하고 있었던 거예요.

"누구세요?"

깜짝 놀란 중기가 물었지만, 남자는 그 말이 들리지 않는 듯 게임에만 열중하고 있었어요.

"누구신데 내 방에서 게임을 하는 거예요?"

중기가 다시 물었지만 남자는 여전히 대답을 하지 않았어요.

'내 말이 안 들리나?'

그때 현관문이 열리더니 누군가 들어왔어요.

"중기야!!"

엄마 목소리였어요. 그러자 게임을 하던 남자가 컴퓨터를 서둘러 끄더니 뒤로 돌아섰어요. 남자의 얼굴을 본 중기는 깜짝 놀랐어요. 자신과 너무 비슷한 얼굴이었어요. 코 옆에 있는 점도 똑같았어요.

"중기야, 너 또 게임하고 있었지?"

방문 밖에서 들린 아빠의 말에 남자는 큰 소리로 대답했어요.

"게임 안 했어. 아빠!"

중기는 깜짝 놀랐어요.

"그렇다면…… 저건 미래의 나……? 그렇다면 여긴 미래?"

남자가 자신의 말을 듣지 못했던 이유가 있었어요. 중기가 보이지 않았던 거예요.

시간몬스터의 모험은 아직 끝나지 않았어요. 그때 방문이 벌컥 열렸어요. 방 안에 들어온 엄마 아빠의 얼굴을 본 중기는 또다시 놀랐어요. 두 분 모두 흰머리가 희끗희끗하고 얼굴엔 주름이 가득

했어요. 시간이 흘러 많이 늙은 모습이었어요.

"엄마…… 아빠……."

중기의 눈에서 눈물이 왈칵 쏟아졌어요. 그때 어디선가 나타난 시간몬스터가 말했어요.

"시간은 무엇이든 변화시켜. 서서히 우리를 늙게 하고 결국 죽음으로 이끌지. 언젠가 우리들이 가졌던 시간은 멈추게 되어 있어. 그리고 또다른 생명이 탄생하면서 그 생명만의 시간이 다시 시작되는 거야."

"시간은 볼 수도 없는데 너무 잔인해요!"

중기가 눈물을 닦으며 말했어요.

"그래. 시간은 볼 수도 없고, 만질 수도 없지. 하지만 계절이 변하고, 물건이 낡고, 부모님이 나이 들어 가고…… 그 모든 게 시간이 흘러가기 때문에 느낄 수 있는 거란다."

중기는 아무 말도 못 했어요. 아빠가 어젯밤에 했던 말이 떠올랐어요.

"시간은 많은 것을 변화시킨다는 뜻이야. 이 순간에도 시간은 흐르고 있으니까."

시간몬스터와 함께 여행하면서 시간에 대해 알게 되고 나니 이제야 아빠의 말이 무슨 뜻인지 알 것 같았어요. 하지만 자신과 함께 시간을 보내지 못한 채, 훌쩍 늙어 버린 부모님의 모습은 정말 슬펐어요. 게다가 어른이 되어서도 시간을 무의미하게 보내는 어른이 된 자신의 모습이라니……. 그건 도저히 참을 수 없었어요.

구두쇠 할아버지가 외치던 소리와 똑같이 중기가 외쳤어요.

"나 다시 돌아갈래!!"

몸부림치며 소리를 지르는 중기를 누군가 마구 흔들었어요.

"중기야, 중기야……."

번쩍 뜬 중기의 눈 앞에 걱정스러운 표정의 엄마가 있었어요.

중기는 어리둥절한 표정으로 엄마를 바라봤어요. 흰머리도 없고 주름살도 보이지 않았어요.

'꿈이었나…….'

그 순간 중기는 엄마의 품으로 뛰어들었어요. 그때 아빠가 들어왔어요. 아빠도 젊은 모습 그대로였어요.

"이 녀석, 이상한 꿈꿨나 보구나!"

중기는 고개를 끄덕였어요.

"아빠가 말한 시간몬스터를 만나는 꿈을 꿨어요."

아빠는 대답 대신 얼굴에 알 수 없는 미소를 지으며 중기의 머

리를 쓰다듬어 주었어요.

　부모님이 나간 뒤, 중기는 한숨을 쉬며 다시 자리에 누웠어요.

　'정말 이상한 꿈이었어.'

　옆으로 돌아눕던 중기의 몸에 이상한 물체가 걸렸어요. 중기는 이불속을 더듬어서 그 물체를 꺼내 확인했어요.

　작고 귀여운 회중시계였어요.

　"이건 시간몬스터가 꿈속에서 준 건데? 그렇다면…… 꿈이 아니었다고?"

　중기는 눈이 커다래져서 소리를 질렀어요.

　"으아악~~!!"

인문철학 왕 되기

① ② ③ **4**

만일 나라면?

휴, 중기는 시간 여행에서 깨어나서 그게 현실이 아니라는 것을 알고 얼마나 안심했을까?

그러게 말이야. 그러니까 지금 우리는 시간을 최대한 잘 써서 많은 경험을 해 보는 게 좋을 것 같아.

"시간여행 할 시간이군!"

 만약 '나'에게 주어진 시간이 무한하다면 좋을까? 고른 뒤 이유도 써 보렴.

그렇다 :

아니다 :

 만약 시간 여행을 할 수 있다면 어디로 가고 싶니? 왜 그곳에 가고 싶은지 이유도 함께 적어 보자.

만약 내가 시간 여행을 할 수 있다면

나는 _____ 로 가고 싶다.

왜냐하면 _____.

그런데 시간이 흘러서 부모님이 늙으시고 우리 또한 언젠가는 죽어야 한다는 사실이 좀 슬프다.

하지만 죽음 없이 무한한 삶을 산다면 좋을까? 그리고 만약 너희들이 시간 여행을 한다면 어디를 더 가고 싶니? 과거? 미래? 그 이유는 뭔지 궁금하구나.

나만의 해시계 만들기

시계나 스마트폰이 없던 먼 옛날, 사람들은 해를 보면서 생활했어. 그러다가 나중에는 해시계를 발명했지. 그런데 지금도 간단하게 해시계를 만들 수 있어. 너희도 한 번 해 보렴.

준비물

① 땅에 꽂을 수 있는 긴 막대기
② 돌멩이
③ 돌멩이에 숫자를 표시할 수 있는 펜 (사인펜, 매직펜 등)

만드는 방법

① 돌멩이에 1~12까지 숫자를 쓰고 해가 잘 드는 마당에 일정한 간격으로 늘어 놓아.
② 가운데에 막대기를 꽂아.
③ 해가 움직이면 막대기의 그림자가 시간을 알려 줄 거야.

200만 부 판매 돌파!

AI시대 미래
토론

과학토론왕

✅ 뭉치북스가 만든 국내 최초 토론책!   ✅ 초등 국어
✅ 한국디베이트협회와 교육

01 함께 사는 로봇	12 과학 Cook! 문화 Cook! 음식의 세계	23 생태계의 파괴자? 외래 동식물	33 얼마나 작아질까? 어디까지 발달할까? 나노 기술과 첨단 세계
02 원시인도 모르는 공룡	13 과학을 훔친 수상한 영화관	24 콸콸콸~ STOP!!! 우리나라도 위험해요, 소중한 물	
03 더 멀리 더 높이 더 빨리 스포츠 과학	14 끝없이 진화하는 무서운 전염병	25 오늘도 나쁨! 작아서 더 무서운 미세먼지	34 찾아라! 생명체가 살 수 있는 또 다른 별, 제2의 지구
04 깜빡 우주 속 작은 별	15 지구 온난화와 탄소배출권	26 식량 위기에서 인류를 구할 미래 식량	35 배울수록 더 강해지는 인공 지능
05 노벨도 깜짝 놀란 노벨상	16 먹을까? 말까? 먹거리 X파일	27 썩지 않는 플라스틱! 지구와 인간을 병들게 하는 환경 호르몬	36 창조론이냐? 진화론이냐? 다윈이 들려주는 진짜진짜 진화론
06 지켜라! 멸종 위기의 동식물	17 우리 몸을 흐르는 피와 혈액형	28 나와 똑같은 또 다른 나, 인간 복제	37 모두모두 소중한 생명 멈춰요 실험
07 도시의 과학 수사대	18 진짜? 가짜? 가상현실과 증강현실	29 미래의 디지털 첨단 의료	38 유해할까? 유용할까? 생활 속 화학 물질
08 살아 있는 백두산	19 두근두근 신비한 우리 몸속 탐험	30 땅속 보물을 찾아라! 지하자원과 희토류	
09 콜록콜록! 오늘의 황사 뉴스	20 우리를 위협하는 자연재해	31 농사일부터 우주 탐사까지, 미래는 드론 시대	39 46억 년의 비밀, 생명을 살리는 지구
10 앗 이런 발명가, 와! 저런 발명품	21 봄? 가을? 경계가 모호해지는 사계절	32 알쏭달쏭 미지의 세계, 뇌	40 과학자가 가져야 할 덕목, 과학자 윤리와 책임
11 아낄수록 밝아지는 에너지	22 세균과 바이러스 꼼짝 마! 약과 백신		

이 공부다!
인재를 위한 교과서

과학토론왕
과학토론왕 40권 + 독후활동지 40권
전 80종 / 정가 580,000원

사회토론왕
사회토론왕 40권 + 독후활동지 40권
전 80종 / 정가 580,000원

- 한우리 추천도서
- 경향신문 추천도서
- 경기도 초등토론 교육연구회 추천
- 경기도 지부 독서 골든벨 선정도서
- 환경정의 어린이 환경책 권장도서
- 한국 아동문학인협회 우수도서
- 학교도서관 사서협의회 추천도서

✓ 활용 만점 독후 활동지 각 권 제공!

서 선정 도서!
전문가들이 강력 추천한 책!

- 01 우리 땅 독도
- 02 생활 속 24절기
- 03 세계를 담은 한글
- 04 정정당당 선거
- 05 우리의 유네스코 세계 유산
- 06 좋아? 나빠? 인터넷과 스마트폰
- 07 함께라서 좋아! 우리는 가족
- 08 한민족, 두 나라 여기는 한반도
- 09 너도 나도 똑같이 생명 존중
- 10 돈 나와라 뚝딱! 경제 이야기
- 11 시골시골 지구촌 민족 이야기
- 12 앗! 조심해! 나를 지키는 안전 교과서
- 13 바람 잘 날 없는 지구촌 국제 분쟁
- 14 믿음과 분쟁의 역사 세계의 종교
- 15 인공 지능으로 알아보는 미래 유망 직업
- 16 지역 이기주의 님비 현상
- 17 더불어 사는 다문화 사회
- 18 함께 사는 세상 소중한 인권
- 19 세계를 사로잡은 문화 콘텐츠 한류
- 20 변치 않는 친구 반려동물
- 21 왕따는 안 돼! 우리는 소중한 친구
- 22 여자? 남자? 같은 것과 다른 것! 성과 양성평등
- 23 모두가 행복한 착한 초콜릿, 아름다운 공정 무역
- 24 우리는 이웃사촌! 함께 사는 사회
- 25 틀린 게 아니라 다른 거라고? 글로벌 에티켓
- 26 신통방통 지혜가 담긴 우리의 세시 풍속과 전통 놀이
- 27 출발, 시간 여행! 유네스코 세계 문화유산
- 28 아이는 줄고 노인은 늘고 달라지는 인구
- 29 우리는 하나! 세계로! 미래로! 통일 한국
- 30 레볼업? 성다운? 슬기로운 게임 생활, 벗어나요 게임 중독
- 31 살아 있어 행복해! 곁에 있어 고마워! 소중한 생명
- 32 나도 크리에이터! 시끌벅적 1인 미디어 세상
- 33 뚜아뚜아별의 법을 부활시켜라! 생활 속 법 이야기
- 34 하늘·땅·바다 어디서나 조심조심! 어린이를 위한 교통안전
- 35 함께 만들어요! 함께 누려요! 모두의 사회 복지
- 36 위아더월드, 도움의 손길이 필요해요, 세계 빈곤 아동
- 37 활경 덕후 오동사가 간다, 지켜라! 지구 활경
- 38 전쟁 NO! 평화 YES! 세계를 이끄는 힘, 국제기구
- 39 더 멀리, 더 빠르게! 미래 교통과 통신
- 40 알아야 척척, 똑똑한 미래 도시, 꿈의 스마트 시티

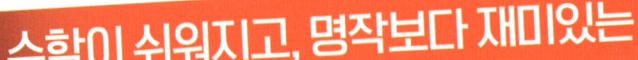

뭉치수학왕

수학이 쉬워지고, 명작보다 재미있는

100만 부 판매 돌파!

 +

"인공지능(AI) 시대의 힘은 수학에서 나온다!"

개념 수학

(수와 연산)
1. 양치기 소년은 연산을 못한대
2. 견우와 직녀가 분수 때문에 싸웠대
3. 가우스, 동화 나라의 사라진 0을 찾아라
4. 가우스는 소수 대결로 마녀들을 물리쳤어
5. 앨런, 분수와 소수로 악당 히들러를 쫓아내라
6. 약수와 배수로 유령 선장을 이긴 15소년

(도형)
7. 헨젤과 그레텔은 도형이 너무 어려워
8. 오일러와 피노키오는 도형 춤 대회 1등을 했어
9. 오일러, 오즈의 입체도형 마법사를 찾으라
10. 유클리드, 플라톤의 진리를 찾아 도형 왕국을 구하라
11. 입체도형으로 수학왕이 된 앨리스

(측정)
12. 쉿! 신데렐라는 시계를 못 본대

13. 알쏭달쏭 알라딘은 단위가 헷갈려
14. 아르키는 어림하기로 걸리버 아저씨를 구했어
15. 원주율로 떠나는 오디세우스의 수학 모험

(규칙성)
16. 떡During 수학은 할머니와 호랑이는 구구단을 몰라
17. 페르마, 수리수리 규칙을 찾아라
18. 피보나치, 수를 배열해 비밀의 방을 탈출하라
19. 비례배분으로 보물섬을 발견한 해적 실버

(자료와 가능성)
20. 아기 염소는 경우의 수로 늑대를 이겼어
21. 파스칼은 통계 정리로 나쁜 왕을 혼내 줬어
22. 로미오와 줄리엣이 첫눈에 반할 확률은?

(문장제)
23. 개념 수학-백점 맞는 수학 문장제①
24. 개념 수학-백점 맞는 수학 문장제②
25. 개념 수학-백점 맞는 수학 문장제③

융합 수학
26. 쌍둥이 건물 속 대칭축을 찾아라(건축)
27. 열차와 배에서 배수와 약수를 찾아라(교통)
28. 스포츠 속 황금 각도를 찾아라(스포츠)
29. 옷과 음식에도 단위의 비밀이 있다고?(음식과 패션)
30. 꽃잎의 개수에 담긴 수열의 비밀(자연)

창의 사고 수학
31. 퍼즐탐정 셜록홈즈①-외계인 스콜피오스의 음모
32. 퍼즐탐정 셜록홈즈②-315일간의 우주여행
33. 퍼즐탐정 셜록홈즈③-뒤죽박죽 백설 공주 구출 작전
34. 퍼즐탐정 셜록홈즈④-'지지리 마란드러' 방학 숙제 대작전
35. 퍼즐탐정 셜록홈즈⑤-수학자 '더하길 모테'와 한판 승부
36. 퍼즐탐정 셜록홈즈⑥-설국언차 기관사 '어러도 달리능기라'
37. 퍼즐탐정 셜록홈즈⑦-해설 및 정답

수학 개념 사전
38. 수학 개념 사전①-수와 연산
39. 수학 개념 사전②-도형
40. 수학 개념 사전③-측정·규칙성·자료와 가능성

독후 활동지

본책 40권 + 독후 활동지 7권
정가 580,000원